The Mermaid in the Harbor: Bilingual Danish-English Stories for Danish Language Learners

Pomme Bilingual

Published by Pomme Bilingual, 2024.

While every precaution has been taken in the preparation of this book, the publisher assumes no responsibility for errors or omissions, or for damages resulting from the use of the information contained herein.

THE MERMAID IN THE HARBOR: BILINGUAL DANISH-ENGLISH STORIES FOR DANISH LANGUAGE LEARNERS

First edition. November 20, 2024.

Copyright © 2024 Pomme Bilingual.

ISBN: 979-8230685425

Written by Pomme Bilingual.

Table of Contents

Det Lille Tehus ved Søen 1

The Little Teahouse by the Lake 3

Skjulte Stemmer 5

Hidden Voices 9

Sommer i Skagen 13

Summer in Skagen 17

Den Gamle Bro 21

The Old Bridge 25

En Pige i Tågen 29

A Girl in the Fog 31

Bibliotekets Hemmelighed 35

The Library's Secret 39

Havfruen i Havnen 43

The Mermaid in the Harbor 47

Blomstermarkedet 51

The Flower Market 53

Et Nyt Hjem 57

A New Home 59

Nordlys over Fjorden 61

Northern Lights Over the Fjord..63

Det Lille Tehus ved Søen

Ved en stille sø i Danmark lå der et lille tehus. Det var malet lyseblåt og havde hvide vinduer. Indeni var der små borde med blomstret dug og gamle stole, som knirkede lidt, når man satte sig.

Tehuset blev passet af Kirsten. Kirsten var en venlig kvinde med gråt hår og et varmt smil. Hun elskede at lave te og servere kager, som hun selv bagte om morgenen. Hendes favoritter var æbletærte og hindbærsnitter.

Hver dag kom forskellige gæster til tehuset. Nogle kom for at slappe af, andre for at snakke. Kirsten lyttede altid, men hun sagde ikke så meget. Hun var god til at observere.

En dag kom en mand med en lille notesbog. Han satte sig ved vinduet, som havde udsigt til søen. Manden bestilte en kop grøn te og sad i lang tid og skrev i sin bog. Kirsten bemærkede, at han så lidt trist ud.

"Er du en forfatter?" spurgte Kirsten forsigtigt.

"Jeg skriver digte," svarede manden. "Men nogle gange føler jeg mig ensom."

Kirsten gav ham en skive æbletærte og sagde: "En god kop te og en sød kage kan hjælpe lidt." Manden smilede. Det var et lille smil, men det gjorde Kirsten glad.

En anden dag kom to børn ind i tehuset. De hed Emma og Jonas. De var bror og søster, og de havde altid travlt med at lave sjov.

"Vi vil have varm kakao!" sagde Emma, og Jonas råbte: "Og masser af flødeskum!"

Kirsten lo og lavede to kopper varm kakao med flødeskum og små skumfiduser. Mens børnene drak deres kakao, løb de rundt i tehuset og kiggede på billederne på væggene.

"Pas på!" sagde Kirsten, da Jonas næsten væltede en stol. Men hun kunne ikke lade være med at smile. De to børn bragte liv og glæde til tehuset.

Tehuset ved søen var mere end bare et sted, hvor man kunne drikke te. Det var et sted, hvor folk kunne mødes, snakke og finde lidt fred.

Kirsten vidste, at selv små ting kunne gøre en stor forskel: en kop te, et smil eller bare et venligt ord. Hun elskede sit lille tehus og de mange historier, der blev skabt der.

Ved søen skinnede solen, og inde i tehuset summede det af liv. Kirsten kiggede ud af vinduet og smilede. Det var en god dag.

Dette var Kirstens lille verden, hvor venlighed altid var på menuen.

The Little Teahouse by the Lake

By a peaceful lake in Denmark, there was a small teahouse. It was painted light blue with white windows. Inside, there were small tables covered with flowery tablecloths and old chairs that creaked a little when you sat down.

The teahouse was cared for by Kirsten. Kirsten was a kind woman with gray hair and a warm smile. She loved making tea and serving cakes that she baked herself in the morning. Her favorites were apple pie and raspberry shortcakes.

Every day, different guests came to the teahouse. Some came to relax, others to chat. Kirsten always listened, but she didn't say much. She was good at observing.

One day, a man came in with a small notebook. He sat by the window that looked out over the lake. The man ordered a cup of green tea and sat for a long time, writing in his book. Kirsten noticed that he seemed a little sad.

"Are you a writer?" Kirsten asked gently.

"I write poetry," the man replied. "But sometimes I feel lonely."

Kirsten gave him a slice of apple pie and said, "A good cup of tea and a sweet cake can help a little." The man smiled. It was a small smile, but it made Kirsten happy.

Another day, two children came into the teahouse. Their names were Emma and Jonas. They were brother and sister, and they were always busy having fun.

"We want hot cocoa!" said Emma, and Jonas shouted, "And lots of whipped cream!"

Kirsten laughed and made two cups of hot cocoa with whipped cream and tiny marshmallows. While the children drank their cocoa, they ran around the teahouse, looking at the pictures on the walls.

"Be careful!" Kirsten said when Jonas nearly knocked over a chair. But she couldn't help smiling. The two children brought life and joy to the teahouse.

The teahouse by the lake was more than just a place to drink tea. It was a place where people could meet, talk, and find a little peace.

Kirsten knew that even small things could make a big difference: a cup of tea, a smile, or just a kind word. She loved her little teahouse and the many stories that were made there.

By the lake, the sun was shining, and inside the teahouse, there was a hum of life. Kirsten looked out the window and smiled. It was a good day.

This was Kirsten's little world, where kindness was always on the menu.

Skjulte Stemmer

Det var skumringstid i København. Solen var på vej ned, og himlen var lyserød og orange. På gaderne begyndte lysene at tændes i butikkerne og caféerne. Folk gik langsomt hjem fra arbejde eller sad på bænke og snakkede.

Midt i byen stod Søren. Han var en gademusiker med en gammel violin. Han spillede hver aften på samme hjørne tæt på Nyhavn. Søren var ikke rig, men han elskede musikken.

Når Søren spillede, hørte han ikke kun sin egen musik. Han hørte byen omkring sig. Der var lyden af skridt på brostenene. Der var snakken fra folk, der gik forbi. Der var lyden af cykler, der klingede, og biler, der brummede.

"Byen har en sang," tænkte Søren. "Men den er ikke altid let at høre."

Han spillede en stille melodi. En kvinde stoppede og lyttede. Hun smilede til ham, inden hun gik videre. Søren lagde mærke til hende. "Hun bærer en tung taske," tænkte han. "Hun er måske træt, men hun fandt tid til at lytte."

Når vinden blæste gennem byen, syntes Søren, at han kunne høre stemmer. Det var som hvisken fra fortiden.

"Disse gader har set så mange mennesker," tænkte han. "Gamle historier lever stadig her."

Han begyndte at spille en ny melodi, som mindede ham om havet. Søren tænkte på sømændene, der engang boede her. Han forestillede sig deres sang:

"Vi sejler væk, vi sejler hjem.

Byens lys, det følger os frem."

Han smilede for sig selv. Han vidste, at det bare var hans fantasi, men det gjorde hans spil rigere.

En lille dreng med sin far stoppede foran Søren. Drengen havde store øjne og så på violinen.

"Vil du prøve?" spurgte Søren med et smil.

Drengen nikkede ivrigt. Søren hjalp ham med at holde buen og spille en enkelt tone. Drengen lo, og faren takkede Søren, før de gik videre.

Søren tænkte: "Selv én tone kan skabe en forbindelse. Musik er en gave, jeg kan dele."

Da natten faldt på, og stjernerne begyndte at skinne, pakkede Søren sin violin væk. Han gik langs kanalerne, mens han tænkte på dagens oplevelser.

"København er fuld af skjulte stemmer," sagde han stille til sig selv. "Man skal bare lytte efter."

Lyset fra lamperne spejlede sig i vandet. Søren følte sig som en del af byens store sang. Og han vidste, at han ville spille igen i morgen.

Dette var Sørens verden. En verden af musik, historier og skjulte stemmer, som kun byen kunne fortælle.

Hidden Voices

It was dusk in Copenhagen. The sun was setting, and the sky was pink and orange. On the streets, the lights in the shops and cafés began to turn on. People were slowly heading home from work or sitting on benches chatting.

In the middle of the city stood Søren. He was a street musician with an old violin. He played every evening at the same corner near Nyhavn. Søren wasn't rich, but he loved music.

When Søren played, he didn't just hear his own music. He heard the city around him. There was the sound of footsteps on the cobblestones. There was the chatter of people passing by. There were the ringing of bicycles and the hum of cars.

"The city has a song," Søren thought. "But it's not always easy to hear."

He played a soft melody. A woman stopped and listened. She smiled at him before continuing on her way. Søren noticed her. "She's carrying a heavy bag," he thought. "She might be tired, but she found time to listen."

When the wind blew through the city, Søren felt like he could hear voices. It was like a whisper from the past.

"These streets have seen so many people," he thought. "Old stories still live here."

He began to play a new melody, one that reminded him of the sea. Søren thought of the sailors who once lived here. He imagined their song:

"We sail away, we sail home.

The city lights, they guide us on."

He smiled to himself. He knew it was just his imagination, but it made his playing richer.

A little boy with his father stopped in front of Søren. The boy had big eyes and was staring at the violin.

"Would you like to try?" Søren asked with a smile.

The boy eagerly nodded. Søren helped him hold the bow and play a single note. The boy laughed, and the father thanked Søren before they walked on.

Søren thought, "Even one note can create a connection. Music is a gift I can share."

As night fell and the stars began to shine, Søren packed away his violin. He walked along the canals, thinking about the day's experiences.

"Copenhagen is full of hidden voices," he whispered to himself. "You just have to listen for them."

The light from the lamps reflected in the water. Søren felt like he was part of the city's great song. And he knew that he would play again tomorrow.

This was Søren's world. A world of music, stories, and hidden voices that only the city could tell.

Sommer i Skagen

Det var midsommer i Skagen. Himlen var lys, selvom det var sent om aftenen. Folk i byen festede, og luften duftede af salt fra havet og blomster fra haverne.

Jens og Mette, et ungt par, var inviteret til en stor fest i et gammelt hus tæt på stranden. Huset var hvidt med rødt tag og store vinduer, der skinnede i solnedgangen.

"Kom, vi skal ikke komme for sent," sagde Mette, mens hun rettede på sin blå kjole. Jens nikkede og tog hendes hånd.

Festen var stor og flot. Der var levende lys på bordene, og champagneglas klirrede. Folk lo og snakkede, mens de dansede til musikken.

Jens og Mette gik rundt og hilste på de andre gæster. Mette smilede til alle, men Jens virkede stille. Han kiggede på de andre mænd i deres fine jakkesæt og følte sig lidt utilpas.

"Mette, kender vi nogen her?" spurgte han lavt.

"Kun et par stykker," svarede Mette. "Men det gør ikke noget. Det er sjovt at møde nye mennesker."

Senere på aftenen sad Jens alene i hjørnet med et glas vin. Han så Mette danse med en anden mand, en høj og mørkhåret gæst, der lo meget. Jens mærkede en stikkende følelse i maven.

"Er du okay?" spurgte en kvinde ved siden af ham. Det var værtens søster, som han lige havde mødt.

"Ja, det går fint," svarede Jens hurtigt, men hans blik var stadig på Mette.

Da Mette kom tilbage til bordet, sagde Jens: "Du danser meget i aften."

"Det er jo midsommer," svarede Mette med et smil. "Skal vi ikke danse sammen?"

Men Jens rystede på hovedet. "Jeg tror, jeg går en tur udenfor."

Jens gik ud til stranden. Han kunne høre festen bag sig, men her var der stille. Bølgerne rullede ind mod sandet, og måger fløj over vandet.

Han satte sig ned og tænkte. "Hvorfor føler jeg mig sådan? Vi er her for at have det sjovt."

Mette kom kort efter. Hun satte sig ved siden af ham.

"Er alt okay?" spurgte hun.

"Jeg ved ikke," svarede Jens. "Nogle gange føler jeg mig... usikker."

Mette tog hans hånd. "Jens, jeg elsker dig. Lad os nyde denne aften sammen. Det er midsommer, og vi har hinanden."

De gik tilbage til festen, men denne gang dansede de sammen. Jens holdt Mette tæt og mærkede, at spændingerne begyndte at forsvinde.

Lyset fra lanternerne lyste op over haven, og musikken fyldte luften. Jens indså, at aftenen handlede om mere end festen – den handlede om dem.

Skagen var smukt denne midsommer, og selv under de glitrende lys var det en påmindelse om, at ægte forbindelser er vigtigere end alt andet.

Det blev en midsommer, som Jens og Mette aldrig ville glemme.

Summer in Skagen

It was midsummer in Skagen. The sky was bright, even though it was late in the evening. People in the town were celebrating, and the air smelled of salt from the sea and flowers from the gardens.

Jens and Mette, a young couple, had been invited to a big party in an old house near the beach. The house was white with a red roof and large windows that gleamed in the sunset.

"Come on, we shouldn't be too late," said Mette as she adjusted her blue dress. Jens nodded and took her hand.

The party was large and beautiful. There were candles on the tables, and champagne glasses clinked. People laughed and talked while they danced to the music.

Jens and Mette walked around and greeted the other guests. Mette smiled at everyone, but Jens seemed quiet. He looked at the other men in their fine suits and felt a little out of place.

"Mette, do we know anyone here?" he asked softly.

"Only a few," Mette replied. "But that's okay. It's fun to meet new people."

Later in the evening, Jens sat alone in a corner with a glass of wine. He watched Mette dance with another man, a tall, dark-haired guest who laughed a lot. Jens felt a sharp, uncomfortable feeling in his stomach.

"Are you okay?" asked a woman beside him. She was the host's sister, whom he had just met.

"Yeah, I'm fine," Jens answered quickly, but his gaze remained on Mette.

When Mette returned to the table, Jens said, "You're dancing a lot tonight."

"It's midsummer," Mette replied with a smile. "Shouldn't we dance together?"

But Jens shook his head. "I think I'll take a walk outside."

Jens walked out to the beach. He could hear the party behind him, but here it was quiet. The waves rolled in against the sand, and seagulls flew over the water.

He sat down and thought, "Why do I feel this way? We're here to have fun."

Mette came shortly after. She sat down beside him.

"Is everything okay?" she asked.

"I don't know," Jens replied. "Sometimes I feel... insecure."

Mette took his hand. "Jens, I love you. Let's enjoy this evening together. It's midsummer, and we have each other."

They went back to the party, but this time they danced together. Jens held Mette close and felt the tension begin to fade.

The light from the lanterns shone over the garden, and the music filled the air. Jens realized that the evening was about more than just the party – it was about them.

Skagen was beautiful that midsummer, and even under the glittering lights, it was a reminder that true connections are more important than anything else.

It became a midsummer that Jens and Mette would never forget.

Den Gamle Bro

―――

I en lille landsby lå en gammel bro over en smal flod. Broen var lavet af træ og sten, men nu var den slidt og ødelagt. Ingen brugte den længere, fordi den var for farlig.

Henrik, en ældre bonde, havde boet i landsbyen hele sit liv. En dag blev han bedt om at hjælpe med at genopbygge broen.

"Henrik, du kender historien om broen bedre end nogen anden," sagde landsbyens borgmester. "Vi har brug for dig."

Henrik nikkede. Han vidste, at broen betød noget særligt for landsbyen. Men opgaven virkede stor, og han følte sig træt og gammel.

Henrik gik ud til broen. Han satte sig på en sten og kiggede på floden, der glitrede i solen. Han tænkte på sin far, som havde bygget broen for mange år siden.

"Min far byggede denne bro," sagde Henrik til sig selv. "Han arbejdede hårdt, så vi kunne komme over floden. Og nu skal jeg gøre det samme."

Henrik tænkte også på sin familie. Hans søn og datter var flyttet til byen, og hans kone, Anna, var død for fem år siden. Han savnede dem alle.

Henrik begyndte at arbejde på broen. Han samlede træ og sten fra marken og floden. Han arbejdede langsomt men omhyggeligt.

Nogle dage kom børn fra landsbyen og så på. "Hvornår bliver broen færdig?" spurgte de.

"Snart," sagde Henrik og smilede. Men han vidste, at det ville tage tid.

Om aftenen sad han alene i sit lille hus og tænkte på Anna. Han kunne næsten høre hendes stemme. "Henrik, du skal bygge broen. Ikke kun for landsbyen, men for dig selv."

En dag, da Henrik arbejdede, kom nogle af de andre bønder fra landsbyen forbi.

"Vi vil hjælpe dig," sagde de.

Henrik så på dem og smilede. "Tak," sagde han. "Det betyder meget."

Sammen arbejdede de på broen. De lagde nye træplanker og byggede solide stenpiller. Dag for dag voksede broen.

Efter mange uger var broen færdig. Landsbyen samlede sig for at fejre. Børnene løb over broen, og de ældre beundrede det flotte arbejde.

Henrik stod stille og så på. Han følte sig stolt, men også rolig.

"Det er ikke kun en bro," tænkte han. "Det er en forbindelse – mellem mennesker, mellem fortiden og nutiden."

Han gik hjem den aften med en følelse af fred. Han vidste, at han havde æret sin fars arbejde og givet noget videre til landsbyen.

Den gamle bro var nu ny, og Henrik havde genfundet sin plads i landsbyens hjerte.

The Old Bridge

———

In a small village, there was an old bridge over a narrow river. The bridge was made of wood and stone, but now it was worn and damaged. No one used it anymore because it was too dangerous.

Henrik, an older farmer, had lived in the village all his life. One day, he was asked to help rebuild the bridge.

"Henrik, you know the history of the bridge better than anyone," said the village mayor. "We need your help."

Henrik nodded. He knew that the bridge meant something special to the village. But the task seemed huge, and he felt tired and old.

Henrik walked out to the bridge. He sat down on a stone and looked at the river, which sparkled in the sun. He thought about his father, who had built the bridge many years ago.

"My father built this bridge," Henrik said to himself. "He worked hard so we could cross the river. And now I must do the same."

Henrik also thought about his family. His son and daughter had moved to the city, and his wife, Anna, had passed away five years ago. He missed them all.

Henrik began working on the bridge. He gathered wood and stones from the field and the river. He worked slowly but carefully.

Some days, children from the village would come and watch. "When will the bridge be finished?" they asked.

"Soon," Henrik said, smiling. But he knew it would take time.

In the evenings, he sat alone in his small house, thinking of Anna. He could almost hear her voice. "Henrik, you must build the bridge. Not just for the village, but for yourself."

One day, as Henrik worked, some of the other farmers from the village came by.

"We want to help you," they said.

Henrik looked at them and smiled. "Thank you," he said. "That means a lot."

Together, they worked on the bridge. They laid new wooden planks and built sturdy stone pillars. Day by day, the bridge grew.

After many weeks, the bridge was finished. The village gathered to celebrate. The children ran across the bridge, and the older folks admired the beautiful work.

Henrik stood still and watched. He felt proud, but also calm.

"This is not just a bridge," he thought. "It's a connection – between people, between the past and the present."

That evening, he walked home with a feeling of peace. He knew he had honored his father's work and passed something on to the village.

The old bridge was now new, and Henrik had found his place in the heart of the village once again.

En Pige i Tågen

Tågen lå tyk over markerne. Anna gik langs en smal grusvej, men hun kunne ikke se langt frem. Alt var stille, undtagen lyden af hendes egne skridt.

"Hvor er jeg?" hviskede Anna. Hun havde gået længe, men det føltes, som om hun gik i cirkler.

Hun havde været ude at plukke blomster om morgenen, men tågen var kommet pludseligt. Nu kunne hun ikke finde tilbage.

Mens Anna gik, syntes hun at se noget foran sig. En skikkelse, måske en mand?

"Hej?" kaldte Anna. Men skikkelsen forsvandt, før hun kom tættere på.

Hun fortsatte og tænkte på sin barndom. "Tågen minder mig om dengang, jeg legede gemmeleg med mor," tænkte hun.

Anna huskede, hvordan hun som barn løb mellem træerne i skoven, mens hendes mor kaldte hendes navn. "Anna, hvor er du?" havde hendes mor råbt med en stemme, der lød varm og tryg.

Pludselig så Anna en gammel bænk ved siden af vejen. Den så bekendt ud, som om hun havde set den før.

Hun satte sig og lukkede øjnene et øjeblik. En svag brise rørte ved hendes ansigt, og hun hørte en fugl synge i det fjerne.

"Jeg har siddet her før," tænkte hun. "Men hvornår?"

Hun kunne næsten se en ung pige sidde der med en bog i hånden. Var det hende selv som barn? Eller var det bare en drøm?

Anna rejste sig og begyndte at gå igen. Tågen var stadig tæt, men hun følte sig ikke bange længere.

Hun kom til en lille sø. Vandet var stille, og tågen svævede over det som et tæppe. Hun så sit spejlbillede i vandet, men det virkede anderledes – som om der var nogen bag hende.

"Er det bare mine tanker?" spurgte hun sig selv.

Hun lukkede øjnene og tænkte på sin bedstemor, som altid sagde: "Tågen viser os, hvad vi gemmer i vores hjerter."

Langsomt begyndte tågen at lette. Anna kunne nu se markerne og vejen foran sig. Hun gik videre, og snart så hun et lille hus med rødt tag.

"Det er mit hus!" sagde hun højt.

Hun løb det sidste stykke og åbnede døren. Indenfor var alt varmt og hyggeligt. Hun satte sig ved vinduet og så ud på tågen, der forsvandt.

Anna tænkte på sin gåtur. Havde hun virkelig set skikkelsen og bænken? Eller var det bare minder, der kom til live i tågen?

Hun vidste det ikke, men det gjorde ikke noget. Nogle gange er det fine ved livet ikke at vide alt, men at føle og opleve.

Tågen var væk, men dens stille magi forblev i Annas sind.

A Girl in the Fog

The fog lay thick over the fields. Anna walked along a narrow gravel road, but she could not see far ahead. Everything was silent, except for the sound of her own footsteps.

"Where am I?" Anna whispered. She had been walking for a long time, but it felt as if she were walking in circles.

She had been out picking flowers in the morning, but the fog had come suddenly. Now she couldn't find her way back.

As Anna walked, she thought she saw something ahead of her. A figure, perhaps a man?

"Hello?" Anna called. But the figure disappeared before she could get closer.

She continued on, thinking about her childhood. "The fog reminds me of when I played hide and seek with Mom," she thought.

Anna remembered how, as a child, she would run between the trees in the forest while her mother called her name. "Anna, where are you?" her mother had shouted in a voice that sounded warm and safe.

Suddenly, Anna saw an old bench beside the road. It looked familiar, as if she had seen it before.

She sat down and closed her eyes for a moment. A gentle breeze brushed her face, and she heard a bird singing in the distance.

"I've sat here before," she thought. "But when?"

She could almost see a young girl sitting there with a book in her hand. Was it herself as a child? Or was it just a dream?

Anna stood up and began walking again. The fog was still thick, but she no longer felt scared.

She came to a small lake. The water was still, and the fog hovered over it like a blanket. She saw her reflection in the water, but it looked different – as if someone was behind her.

"Are these just my thoughts?" she asked herself.

She closed her eyes and thought about her grandmother, who always said: "The fog shows us what we hide in our hearts."

Slowly, the fog began to lift. Anna could now see the fields and the road ahead of her. She walked on, and soon she saw a small house with a red roof.

"That's my house!" she said aloud.

She ran the last bit and opened the door. Inside, everything was warm and cozy. She sat by the window and looked out at the fog that was disappearing.

Anna thought about her walk. Had she really seen the figure and the bench? Or were they just memories coming to life in the fog?

She didn't know, but it didn't matter. Sometimes, the beauty of life lies not in knowing everything, but in feeling and experiencing.

The fog was gone, but its quiet magic remained in Anna's mind.

Bibliotekets Hemmelighed

Magnus arbejdede på det store bibliotek i Aarhus. Han elskede bøger og det stille rum fyldt med viden. Hver dag gik han rundt mellem hylderne, ryddede op og hjalp besøgende med at finde bøger.

En dag, mens han sorterede gamle bøger i kælderen, opdagede han en bog, han aldrig havde set før. Den var dækket af støv og havde en mørkeblå læderindbinding.

"Den her bog ser gammel ud," sagde Magnus til sig selv og børstede støvet væk. Titlen på forsiden lød: Aarhus' skjulte historier.

Magnus åbnede bogen og begyndte at læse. Den fortalte historier om Aarhus fra mange år siden – om gamle bygninger, mennesker og hemmeligheder, som ingen længere huskede.

Han læste om en smuk have, der engang lå midt i byen, og en gammel urmager, som lavede ure, der altid gik præcist.

Men noget fangede hans øje: et kapitel om biblioteket. Der stod, at der var et skjult rum et sted i bygningen.

"Et skjult rum?" tænkte Magnus. Han blev nysgerrig.

Magnus besluttede sig for at lede efter rummet. Han gik rundt i biblioteket og kiggede bag hylder og døre, som sjældent blev åbnet.

I kælderen fandt han en lille dør bag en stor reol. Den var næsten skjult, og håndtaget var rustent.

Han åbnede døren langsomt. Bagved var der et lille rum fyldt med støvede papirer og gamle bøger.

"Dette må være det skjulte rum," sagde han lavt.

På et bord i rummet lå en bunke breve. Magnus læste det første. Det var skrevet for over 100 år siden af en kvinde ved navn Elisabeth.

Hun skrev om sit liv i Aarhus og om sin drøm om at åbne et bibliotek for alle, så folk kunne lære og finde glæde i bøger.

Magnus følte, at han lærte Elisabeth at kende gennem hendes ord. Hun elskede byen og ønskede, at dens historie aldrig skulle glemmes.

Magnus tog bogen og brevene med op til bibliotekets læsesal. Han begyndte at undersøge mere om Elisabeth og de historier, hun havde skrevet om.

Han opdagede, at mange af de steder, hun nævnte, stadig eksisterede, men de var ændret gennem tiden.

En dag fortalte han bibliotekets besøgende om bogen og brevene. Flere blev interesserede og begyndte at læse om Aarhus' historie.

Magnus besluttede at lave en udstilling på biblioteket med Elisabeths breve og bogen. Folk kom for at se den, og mange blev inspireret til at lære mere om byens historie.

Magnus følte sig forbundet med Elisabeth, selvom hun havde levet for så mange år siden. Hendes drøm om at dele viden og historier levede videre gennem ham.

Biblioteket blev ikke bare et sted for bøger, men også et sted, hvor fortiden og nutiden mødtes – takket være en gammel bog og en nysgerrig bibliotekar.

The Library's Secret

Magnus worked at the large library in Aarhus. He loved books and the quiet space filled with knowledge. Every day, he wandered between the shelves, tidied up, and helped visitors find books.

One day, while sorting old books in the basement, he discovered a book he had never seen before. It was covered in dust and had a dark blue leather binding.

"This book looks old," Magnus said to himself as he brushed off the dust. The title on the cover read: Aarhus' Hidden Stories.

Magnus opened the book and began to read. It told stories about Aarhus from many years ago – about old buildings, people, and secrets no one remembered anymore.

He read about a beautiful garden that once lay in the middle of the city and an old watchmaker who made clocks that always kept perfect time.

But something caught his eye: a chapter about the library. It said that there was a hidden room somewhere in the building.

"A hidden room?" Magnus thought. He became curious.

Magnus decided to search for the room. He wandered around the library, peeking behind shelves and doors that were rarely opened.

In the basement, he found a small door behind a large bookcase. It was almost hidden, and the handle was rusty.

He slowly opened the door. Behind it was a small room filled with dusty papers and old books.

"This must be the hidden room," he whispered.

On a table in the room lay a pile of letters. Magnus read the first one. It was written over 100 years ago by a woman named Elisabeth.

She wrote about her life in Aarhus and her dream of opening a library for everyone, so people could learn and find joy in books.

Magnus felt like he was getting to know Elisabeth through her words. She loved the city and wanted its history to never be forgotten.

Magnus took the book and letters up to the library's reading room. He began to research more about Elisabeth and the stories she had written about.

He discovered that many of the places she mentioned still existed, but they had changed over time.

One day, he told the library visitors about the book and the letters. More people became interested and began reading about Aarhus' history.

Magnus decided to create an exhibition at the library with Elisabeth's letters and the book. People came to see it, and many were inspired to learn more about the city's history.

Magnus felt connected to Elisabeth, even though she had lived so many years ago. Her dream of sharing knowledge and stories lived on through him.

The library became not just a place for books but also a place where the past and present met – thanks to an old book and a curious librarian.

Havfruen i Havnen

Lars var fisker. Hver morgen stod han tidligt op og tog sin båd ud på vandet i Københavns havn. Han elskede havet, men det var et ensomt liv.

En aften, da solen var ved at gå ned, gik Lars en tur langs havnen. Han kom forbi Den Lille Havfrue-statuen. Der var næsten ingen mennesker der, kun en ung kvinde, som sad ved vandet.

Hun havde langt, skinnende hår og så ud, som om hun lyttede til bølgerne.

"Hej," sagde Lars forsigtigt. "Er du okay?"

Kvinden kiggede op. Hendes øjne var klare som havet.

"Jeg har et spørgsmål," sagde hun med en blid stemme. "Hvorfor har mennesker to ben og ikke finner?"

Lars grinede lidt. "Så vi kan gå på land, selvfølgelig."

Hun så forvirret ud. "Men er det ikke svært at gå? Hvorfor svømmer I ikke bare hele tiden?"

Lars kløede sig i nakken. "Det har jeg aldrig tænkt over," sagde han.

Kvinden smilede og spurgte videre: "Hvad er en sko? Og hvorfor bruger mennesker dem?"

Lars begyndte at blive nysgerrig. "Hvor kommer du fra?" spurgte han.

Kvinden så væk mod vandet. "Jeg kommer fra et sted langt under bølgerne," sagde hun stille.

Lars rynkede panden. "Er du... en havfrue?"

Hun grinede, men svarede ikke. I stedet rejste hun sig og kiggede mod stjernerne, der begyndte at lyse på himlen.

De sad sammen ved havnen og snakkede. Kvinden spurgte Lars om hans liv som fisker, og han fortalte hende om de stille morgener på havet og de lange dage alene i båden.

Hun lyttede opmærksomt, som om hver detalje var vigtig. Lars følte, at han aldrig havde haft en samtale som denne før.

Da natten blev mørkere, sagde kvinden: "Jeg må gå nu."

"Vil jeg se dig igen?" spurgte Lars.

Hun smilede. "Måske. Hvis du lytter til bølgerne, vil du altid finde mig."

Næste dag gik Lars tilbage til havnen, men kvinden var væk. Han spejdede efter hende ved Den Lille Havfrue-statuen, men alt, han så, var vandet, der glitrede i solen.

Han tænkte på hendes spørgsmål og hendes mærkelige måde at tale på. Var hun virkelig en havfrue, eller var hun bare en ung kvinde med en stor fantasi?

Lars vidste det ikke, men hver gang han sejlede ud på havet, lyttede han nu nøje til bølgerne og håbede, han kunne høre hendes stemme.

Kvinden forblev en gåde, men for Lars var hun et minde om, at havet altid har sine hemmeligheder.

The Mermaid in the Harbor

Lars was a fisherman. Every morning, he woke up early and took his boat out on the waters of Copenhagen Harbor. He loved the sea, but it was a lonely life.

One evening, as the sun was setting, Lars took a walk along the harbor. He passed by The Little Mermaid statue. There were almost no people around, only a young woman sitting by the water.

She had long, shiny hair and seemed to be listening to the waves.

"Hello," Lars said cautiously. "Are you okay?"

The woman looked up. Her eyes were as clear as the sea.

"I have a question," she said in a soft voice. "Why do humans have two legs and not fins?"

Lars chuckled a little. "So we can walk on land, of course."

She looked confused. "But isn't it difficult to walk? Why don't you just swim all the time?"

Lars scratched his neck. "I've never thought about that," he said.

The woman smiled and asked further: "What is a shoe? And why do humans wear them?"

Lars became curious. "Where are you from?" he asked.

The woman looked away toward the water. "I come from a place far below the waves," she said softly.

Lars furrowed his brow. "Are you... a mermaid?"

She laughed, but didn't answer. Instead, she stood up and looked toward the stars, which were beginning to shine in the sky.

They sat together by the harbor, talking. The woman asked Lars about his life as a fisherman, and he told her about the quiet mornings on the sea and the long days alone in the boat.

She listened intently, as if every detail mattered. Lars felt like he had never had a conversation like this before.

As the night grew darker, the woman said, "I must go now."

"Will I see you again?" Lars asked.

She smiled. "Maybe. If you listen to the waves, you will always find me."

The next day, Lars returned to the harbor, but the woman was gone. He searched for her by The Little Mermaid statue, but all he saw was the water sparkling in the sun.

He thought about her questions and her strange way of speaking. Was she really a mermaid, or just a young woman with a big imagination?

Lars didn't know, but every time he sailed out on the sea, he now listened carefully to the waves, hoping he could hear her voice.

The woman remained a mystery, but for Lars, she was a reminder that the sea always holds its secrets.

Blomstermarkedet

———

Karen arbejdede på blomstermarkedet i Odense. Hver dag stod hun tidligt op for at ordne sine blomsterboder. Roser, tulipaner, liljer – hendes stand var altid farverig og fyldt med dufte.

Hun havde solgt blomster i mange år. Karen kendte næsten alle, der kom til markedet, og hun elskede at se, hvordan blomster kunne bringe smil til folks ansigter.

En dag stod Karen ved sin bod og tænkte på alle de mennesker, hun havde mødt gennem årene.

Der var den unge mand, der købte en stor buket røde roser til sin kæreste. Karen huskede, hvordan han nervøst havde spurgt: "Tror du, hun vil kunne lide dem?"

"Selvfølgelig," havde Karen svaret. "Alle elsker roser."

Nogle uger senere kom han tilbage og sagde: "Hun sagde ja! Vi skal giftes."

Karen smilede ved mindet.

Karen huskede også en lille pige, der engang kom med sin far. Pigen pegede på solsikkerne og sagde: "Dem vil jeg have til mor."

Faren havde købt dem, og pigen havde båret blomsterne med et stort smil.

"Blomster gør mennesker glade," tænkte Karen.

Men Karen huskede også de triste øjeblikke. Som dengang en ældre kvinde købte liljer til sin mands begravelse.

"Han elskede liljer," havde kvinden sagt med tårer i øjnene.

Karen havde rakt hende blomsterne med et venligt smil og sagt: "Blomster kan hjælpe os med at sige farvel."

Denne morgen på markedet kom en ung kvinde til Karens bod.

"Jeg vil lave en speciel buket," sagde hun. "Kan du hjælpe mig?"

Karen spurgte, hvad anledningen var, og kvinden svarede: "Min bedste ven har haft en svær tid. Jeg vil give hende noget smukt."

Karen begyndte at samle blomster – lyserøde roser for kærlighed, margueritter for venskab og lavendel for ro.

Kvinden tog imod buketten og sagde: "Den er perfekt. Tak."

Da markedet lukkede, satte Karen sig ved sin bod. Hun kiggede på de blomster, der var tilbage, og tænkte på, hvor mange historier de havde været en del af.

"Blomster er mere end bare planter," sagde hun til sig selv. "De er en måde at dele glæde, trøst og kærlighed."

Karen smilede. Hun vidste, at hun havde valgt det rigtige arbejde.

Blomstermarkedet var ikke bare et sted, hvor man solgte blomster. Det var et sted, hvor minder og følelser blomstrede, ligesom Karen selv.

The Flower Market

―――

Karen worked at the flower market in Odense. Every day, she woke up early to arrange her flower stalls. Roses, tulips, lilies – her stand was always colorful and filled with fragrances.

She had been selling flowers for many years. Karen knew almost everyone who came to the market, and she loved seeing how flowers could bring smiles to people's faces.

One day, Karen stood by her stall and thought about all the people she had met over the years.

There was the young man who bought a large bouquet of red roses for his girlfriend. Karen remembered how he had nervously asked, "Do you think she'll like them?"

"Of course," Karen had replied. "Everyone loves roses."

A few weeks later, he returned and said, "She said yes! We're getting married."

Karen smiled at the memory.

Karen also remembered a little girl who once came with her father. The girl pointed at the sunflowers and said, "I want those for mom."

The father had bought them, and the girl carried the flowers with a big smile.

"Flowers make people happy," Karen thought.

But Karen also remembered the sad moments. Like the time an older woman bought lilies for her husband's funeral.

"He loved lilies," the woman had said with tears in her eyes.

Karen handed her the flowers with a kind smile and said, "Flowers can help us say goodbye."

That morning at the market, a young woman came to Karen's stall.

"I want to make a special bouquet," she said. "Can you help me?"

Karen asked what the occasion was, and the woman replied, "My best friend has been going through a tough time. I want to give her something beautiful."

Karen began to gather flowers – pink roses for love, daisies for friendship, and lavender for calm.

The woman took the bouquet and said, "It's perfect. Thank you."

When the market closed, Karen sat by her stall. She looked at the flowers that were left and thought about how many stories they had been a part of.

"Flowers are more than just plants," she told herself. "They are a way to share joy, comfort, and love."

Karen smiled. She knew she had chosen the right job.

The flower market was not just a place to sell flowers. It was a place where memories and emotions bloomed, just like Karen herself.

Et Nyt Hjem

———

Ahmed kom fra Syrien. Han havde boet i Danmark i et par måneder, og han boede i et lille hus i en landsby. Det var et helt nyt liv for ham, langt væk fra det, han kendte.

Hans nabo, Inge, var en venlig gammel dame. Hun var den første, der bød ham velkommen til landsbyen. Hun havde en stor have, og hun kunne lide at passe sine blomster. Hver morgen gik hun rundt i haven og kiggede på planterne.

En dag bankede Inge på Ahmeds dør. "Jeg har nogle æbler fra min have," sagde hun og rakte ham en kurv. "Jeg tænkte, du måske kunne lide dem."

Ahmed blev glad og takkede. "Tak, Inge. Du er meget venlig."

Inge smilede og satte sig på en stol i Ahmeds stue. "Hvordan går det med dig? Er du kommet til at kende nogle i landsbyen?"

Ahmed rystede på hovedet. "Jeg kender ikke så mange mennesker endnu. Jeg taler ikke så godt dansk."

Inge sagde: "Jeg kan hjælpe dig med dansk. Og jeg kan også fortælle dig om nogle danske traditioner. For eksempel, om juleaften. Vi fejrer altid med en stor middag og åbner gaver om aftenen."

Ahmed lyttede opmærksomt. Han havde aldrig fejret jul før, men han syntes, det lød hyggeligt.

I de næste uger lærte Inge Ahmed, hvordan man laver danske småkager, og hun viste ham, hvordan man fejrer midsommer med lys og sange.

Ahmed delte også sin kultur med Inge. Han fortalte hende om syriske retter og musik. En aften lavede han en traditionel syrisk middag og inviterede Inge. Hun var meget glad for maden og sagde: "Det smager fantastisk!"

Ahmed begyndte at føle sig mere hjemme i Danmark. Han kunne ikke endnu tale dansk flydende, men han kunne forstå mere og mere. Han gik til sprogskole, og Inge hjalp ham med at øve.

En dag sagde Inge til ham: "Ahmed, du er ikke kun min nabo. Du er blevet en del af vores fællesskab."

Ahmed smilede og kiggede ud af vinduet. Det danske land var smukt, og selvom det var et nyt hjem for ham, følte han sig ikke længere helt fremmed.

Ahmed og Inge blev gode venner. De hjalp hinanden, lærte af hinanden og delte deres liv.

Ahmed vidste, at han stadig havde meget at lære om Danmark, men han var glad for, at han havde Inge som ven. Hun havde åbnet døren til hans nye hjem, og sammen havde de skabt en ny begyndelse.

Ahmed var ikke længere alene. I sin nye landsby følte han sig som en del af noget større.

A New Home

Ahmed came from Syria. He had lived in Denmark for a few months and was staying in a small house in a village. It was a completely new life for him, far from what he had known.

His neighbor, Inge, was a kind old lady. She was the first person to welcome him to the village. She had a large garden and loved taking care of her flowers. Every morning, she would walk around the garden, checking on the plants.

One day, Inge knocked on Ahmed's door. "I have some apples from my garden," she said, handing him a basket. "I thought you might like them."

Ahmed was happy and thanked her. "Thank you, Inge. You are very kind."

Inge smiled and sat down on a chair in Ahmed's living room. "How are you doing? Have you gotten to know anyone in the village?"

Ahmed shook his head. "I don't know many people yet. I don't speak Danish very well."

Inge said, "I can help you with Danish. And I can also tell you about some Danish traditions. For example, Christmas Eve. We always celebrate with a big dinner and open presents in the evening."

Ahmed listened carefully. He had never celebrated Christmas before, but it sounded cozy.

In the following weeks, Inge taught Ahmed how to make Danish cookies, and she showed him how to celebrate Midsummer with lights and songs.

Ahmed also shared his culture with Inge. He told her about Syrian dishes and music. One evening, he made a traditional Syrian dinner and invited Inge. She was very happy with the food and said, "It tastes wonderful!"

Ahmed started to feel more at home in Denmark. He couldn't speak Danish fluently yet, but he understood more and more. He attended a language school, and Inge helped him practice.

One day, Inge said to him, "Ahmed, you're not just my neighbor. You've become a part of our community."

Ahmed smiled and looked out the window. The Danish countryside was beautiful, and although it was a new home for him, he no longer felt like a complete stranger.

Ahmed and Inge became good friends. They helped each other, learned from one another, and shared their lives.

Ahmed knew he still had a lot to learn about Denmark, but he was grateful to have Inge as a friend. She had opened the door to his new home, and together they had created a new beginning.

Ahmed was no longer alone. In his new village, he felt like a part of something bigger.

Nordlys over Fjorden

Lise var en ung kunstner. Hun malede naturen, himlen, havet og træerne. Men hun havde altid drømt om at male noget specielt – nordlyset.

En dag besluttede hun sig for at rejse til Nordjylland. Hun havde hørt, at man kunne se nordlyset der om vinteren. Lise var meget spændt.

Lise tog toget til en lille by ved fjorden. Det var koldt, og sneen faldt stille ned fra himlen. Hun boede på et lille hotel med udsigt til fjorden. Hver dag gik hun ud for at finde det perfekte sted at male.

Hun stod ofte ved vandet og kiggede på himlen. Men nordlyset kom ikke. Lise følte sig lidt frustreret, men hun gav ikke op.

En aften, mens Lise gik langs fjorden, begyndte himlen at ændre sig. Først var der et svagt grønt lys, og derefter kom røde og lilla farver. Lise blev fyldt med beundring. Nordlyset var smukt, mere end hun havde drømt om.

Hun satte sig ned med sin skitsebog og begyndte at tegne. Hendes hænder rystede af spænding, mens hun prøvede at fange lysene på papiret.

Mens hun sad der, alene ved fjorden, begyndte Lise at tænke på sit liv. Hun havde altid været bange for, at hendes malerier ikke var gode nok. Men nu, med nordlyset foran hende, følte hun, at hun var en del af noget større.

"Jeg er en del af denne verden," tænkte hun. "Mit kunstneriske liv er min egen rejse."

Lise indså, at hun ikke kun havde rejst for at fange nordlyset, men også for at finde sig selv som kunstner.

Da nordlyset forsvandt, og natten blev mørk, vendte Lise tilbage til sit hotel. Hun følte sig anderledes, mere rolig. Hun vidste, at hendes malerier nu ville have noget særligt. Hun havde fanget noget magisk.

Lise begyndte at male igen, men denne gang var det anderledes. Hendes penselstrøg var fyldt med selvtillid og inspiration.

Lise forlod Nordjylland med en ny forståelse af sig selv og sin kunst. Hun havde fanget nordlyset på lærred, men hun havde også fanget noget endnu vigtigere: sin egen stemme som kunstner.

Da hun så på de farverige billeder, hun havde malet, vidste hun, at hendes rejse var begyndt. Og det var kun starten på hendes kreative rejse.

Nordlyset var ikke kun et naturskue, det var en opvågnen for Lise, som nu var klar til at male sin egen vej.

Northern Lights Over the Fjord

―――

Lise was a young artist. She painted nature—the sky, the sea, and the trees. But she had always dreamed of painting something special—the Northern Lights.

One day, she decided to travel to North Jutland. She had heard that you could see the Northern Lights there in the winter. Lise was very excited.

Lise took the train to a small town by the fjord. It was cold, and snowflakes gently fell from the sky. She stayed in a small hotel with a view of the fjord. Every day, she went out in search of the perfect place to paint.

She often stood by the water, gazing at the sky. But the Northern Lights didn't appear. Lise felt a bit frustrated, but she didn't give up.

One evening, as Lise walked along the fjord, the sky began to change. First, there was a faint green light, and then red and purple colors emerged. Lise was filled with awe. The Northern Lights were beautiful—more than she had ever dreamed.

She sat down with her sketchbook and began to draw. Her hands trembled with excitement as she tried to capture the lights on paper.

As she sat there, alone by the fjord, Lise began to think about her life. She had always been afraid that her paintings weren't good enough. But now, with the Northern Lights in front of her, she felt she was part of something bigger.

"I am a part of this world," she thought. "My artistic journey is my own."

Lise realized that she hadn't just traveled to capture the Northern Lights; she had also traveled to find herself as an artist.

When the Northern Lights faded and the night grew dark, Lise returned to her hotel. She felt different—more at peace. She knew that her paintings would now have something special. She had captured something magical.

Lise began to paint again, but this time, it was different. Her brushstrokes were filled with confidence and inspiration.

Lise left North Jutland with a new understanding of herself and her art. She had captured the Northern Lights on canvas, but she had also captured something even more important: her own voice as an artist.

As she looked at the colorful paintings she had created, she knew her journey had begun. And this was just the start of her creative adventure.

The Northern Lights were not only a natural spectacle; they were an awakening for Lise, who was now ready to paint her own path.

Milton Keynes UK
Ingram Content Group UK Ltd.
UKHW020908291124
451807UK00013B/809